BEI GRIN MACHT SICH IHR WISSEN BEZAHLT

AF135950

- Wir veröffentlichen Ihre Hausarbeit,
  Bachelor- und Masterarbeit

- Ihr eigenes eBook und Buch -
  weltweit in allen wichtigen Shops

- Verdienen Sie an jedem Verkauf

Jetzt bei www.GRIN.com hochladen und kostenlos publizieren

Entwicklung eines innovativen Geschäftsmodells im Fitnessbereich. Konzeption, Testing und Strategische Analyse

Lukas Faria

Bibliografische Information der Deutschen Nationalbibliothek:

Die Deutsche Nationalbibliothek verzeichnet diese Publikation in der Deutschen Nationalbibliografie; detaillierte bibliografische Daten sind im Internet über http://dnb.d-nb.de abrufbar.

ISBN: 9783346631459
Dieses Buch ist auch als E-Book erhältlich.

Druck und Bindung: Books on Demand GmbH, Norderstedt Germany
Gedruckt auf säurefreiem Papier aus verantwortungsvollen Quellen

Das vorliegende Werk wurde sorgfältig erarbeitet. Dennoch übernehmen Autoren und Verlag für die Richtigkeit von Angaben, Hinweisen, Links und Ratschlägen sowie eventuelle Druckfehler keine Haftung.

Das Buch bei GRIN: https://www.grin.com/document/1184680

Deutsche Hochschule für
Prävention und Gesundheitsmanagement
Hermann-Neuberger-Sportschule 3
66123 Saarbrücken

Hausarbeit

Name, Vorname	Faria, Lukas
Studiengang	Sportökonomie (Master)
Studienmodul	Unternehmertum
Datum Präsenzphase (siehe Ergebnisdokumentation)	24.11.2021 – 26.11.2021

Inhaltsverzeichnis

1 Vorstellung des Unternehmens

Vorab sei festzuhalten, dass sich der Student für das **Szenario B** entschieden hat, indem er eine Neugründung eines (noch) nicht existierenden Unternehmens mit einem innovativen Geschäftsmodell plant. Das fiktive Unternehmen weist keinen direkten Bezug zu real existierenden Unternehmen auf.

Das fiktive Unternehmen trägt den Namen „GYMyourself" und besitzt folgendes Logo.

Abb. 1: Unternehmenslogo "GYMyourself" (eigene Darstellung)

Das Unternehmen „GYMyourself" ist ein Anbieter für Fitnessgeräte und Sportequipment-Artikel. Das Unternehmen kauft Bestände aus privaten Fitnessstudios auf, repariert, säubert und verkauft oder vermietet diese an Privatpersonen oder andere Fitnessstudios. Mit Beständen ist hierbei folgendes gemeint: (alte) gebrauchte Kraftmaschinen, Kurzhanteln sowie Langhanteln, Seilzüge und weiteres Fitnessequipment wie beispielsweise Therabänder, Schlingentrainer, Balance-Pads und Faszienrollen. Zudem will das Unternehmen Ausdauergeräte in den Bestand nehmen und diese (wieder funktionstüchtig) weiterverkaufen oder vermieten.

Das Unternehmen spezialisiert sich beim Kauf dieser Artikel primär auf Fitnessstudios, die wegen der Corona-Pandemie und des daraus entstandenen Lockdowns insolvent gehen mussten und ihren Bestand verkaufen wollen. Des Weiteren will das Unternehmen defekte oder alte Sportgerätschaften Fitnessstudios abkaufen und diese nach einer gründlichen Reparatur an Privatpersonen oder andere Fitnessstudios vermieten oder verkaufen.

Der Verkauf bzw. das Vermieten der Sportartikel basiert über einen Online-Shop, das das fiktive Unternehmen betreibt. Nach einem Kauf oder einer Miete eines Artikels von „GYMyourself" wird das Produkt zum Kunden geliefert und dort durch Mitarbeitende des Unternehmens installiert.

Das Unternehmen fokussiert sich auf Privatpersonen, die sich daheim ein eigenes kleines Fitnessstudio einrichten und sich dafür geeignetes Equipment besorgen wollen. Insbesondere in Zeiten kommender Lockdowns ist die Sehnsucht nach einem Fitnessstudio-Ersatz bei vielen Menschen sehr hoch. Bei kalten und nassen Wochen während des Winters ist das Angebot nach anderen Fitness- und Gesundheitsangeboten nicht hoch, sodass die Nachfrage nach Home-Workout-Artikeln im Winter-Lockdown 2020/2021 gestiegen ist. Hier will „GYMyourself" anknüpfen und DER neue Anbieter im Bereich Fitnessgeräte und Sportequipment werden.

2 Geschäftsmodell

2.1 Unternehmerische Gelegenheit & Story

Es sei vor Beginn der „Story" festzuhalten, dass sich der Student auf die Struktur der Origin Story von Baehr und Loomis bezieht.

„Sehr geehrte Damen und Herren, sehr geehrte Investoren.

Seit meinem 18. Lebensjahr betreibe ich in meiner Freizeit mit voller Leidenschaft den Kraftsport. Ich habe einst im Fitnessstudio des Erlanger Vereins TV1848 Erlangen „TV-Vital" mit dem Krafttraining begonnen und mir es hat es seit Tag eins sehr große Freude gemacht. Ich habe mit der Zeit großes Interesse am Krafttraining, aber auch an den Komponenten dahinter, also Anatomie des Körpers, Muskelsysteme und viele weitere Sachen, gefunden. Ich studierte darauf 3,5 Jahre Sportökonomie in Verbindung mit diesem Fitnessstudio, da der Studiengang in Form eines dualen Systems lief. Ich habe danach meinen Master begonnen und das Fitnessstudio aus privaten Gründen gewechselt. Jedoch ist die Leidenschaft zum Sport stets hoch. Als im November 2020 wegen der Corona-Pandemie ein Lockdown verhängt wurde, mussten jedoch alle Fitnessstudio- und Sportbetreiber schließen, um das Virus einzudämmen.

Für mich persönlich war es wie, als wenn der Boden unter meinen Füßen weggezogen wurde. Ich wusste nicht, wie und in welcher Art und Weise ich mein Krafttraining nur ansatzweise durch andere Sportmöglichkeiten ersetzen könnte. Anfangs bin ich viel Joggen gewesen. Doch aufgrund der kalten Jahreszeit habe ich für mich beschlossen, dass ich aus gesundheitlichen Gründen das Ausdauertraining draußen nicht fortführen werde. Doch eines Tages habe ich erfahren, dass mein Fitnessstudio ihre Gerätschaften, also Kurz- und Langhanteln, Indoor Cycling-Bikes sowie weiteres Equipment an ihre Mitglieder verleiht. Folglich habe ich mir das ausgeliehen, was ich für mein persönliches Home-Workout gebraucht habe und konnte mit diesem Material den Winter und langen Lockdown überstehen.

Während dieser Zeit kam mir die Idee, welche mich zu diesem Punkt gebracht hat. Ich hatte die Erkenntnis, dass nicht nur ich Fitnessequipment zu dieser Zeit gebraucht habe. Alle anderen Fitnessstudio-Mitglieder wollten natürlich auch Sportmaterial haben, um daheim ihren Sport weiter ausüben zu können. Ich habe zudem recherchiert, wie sich das Angebot und die Nachfrage an Fitnessequipment-Artikel über diese Zeit entwickelt hat. Es war nach paar Tagen alles ausverkauft. Alle Online-Anbieter, die zum Beispiel Multifunktions-Maschinen verkaufen, waren ausverkauft. Des Weiteren mussten immer mehr private Fitnessstudios Insolvenz anmelden, da ihre Einnahmen durch die Schließung gefehlt haben und sie dadurch ihre Rechnungen nicht mehr begleichen konnten. Aber was passiert mit dem ganzen Bestand? Mit allen Geräten und Gewichten? Wird das weggeschmissen?

Nein, wird es nicht. Denn „GYMyourself" kauft diesen Bestand, repariert ihn und verkauft oder vermietet ihn an andere Personen oder Fitnessstudios weiter. Darüber hinaus kaufen wir Waren bestehender Fitnessstudios oder Privatleuten, reparieren diese und verkaufen oder vermieten sie erneut weiter. Zum Aspekt Vermietung der Fitnessgeräte ist folgendes zu sagen: Jeder Kunde und jede Kundin kann bei „GYMyourself" eine Abonnement für bestimmte Zeiträume bzw. bestimmte Zeitdauern abschließen. Konkret bedeutet dies, dass man sich bei „GYMyourself" die Sachen online zusammenstellen kann, die man für das individuelle Training braucht. Wenn beispielsweise das Abonnement drei Monate anhält, kann der Kunde bzw. die Kundin das ausgewählte Material für drei Monate benutzen. Nach Ablauf des Abonnements kann dieses entweder verlängert werden oder die Waren werden wieder an „GYMyourself" zurückgesendet.

Die Preise für die individuellen Abonnements stehen noch nicht fest. Jedoch ist schon einmal zu erwähnen, dass die Abonnements, heruntergerechnet für jeden Monat, günstiger werden, je länger man sie bucht. Das Unternehmen wird sich auf den Online-Handel fokussieren, um einfach und direkt Waren kaufen und verkaufen zu können.

Es gibt derzeit keinen weiteren Anbieter, der so etwas macht. Die Nachfrage nach Home-Gym-Materialien ist seit der Corona-Pandemie stark gestiegen, da das Training von zu Hause ebenfalls einfach und schnell mit dem richtigen und umfangreichen Material durchgeführt werden kann. Viele Leute wollen aktuell aufgrund des Virus nicht in Sportcenter gehen. Viele Leute machen über die Sommerzeit ihren Sport bevorzugt draußen an der frischen Luft. Jedoch wollen sie über die kalte Jahreszeit nicht für viel Geld in ein Fitnessstudio gehen. Schließlich ist eine einmalige Investition für eine umfangreiche Fitnessausstattung ab einer bestimmen Zeit kostengünstiger als eine dauerhafte Mitgliedschaft bei Privatanbietern. Für all diese Leute ist die Geschäftsidee von „GYMyourself" interessant und verlockend. Lasst uns diese Interessenten zu unseren Kunden machen!

Vielen Dank für Ihre Aufmerksamkeit."

2.2 Value Proposition Canvas

Die Value Proposition Canvas ist ein Instrument, mit dem sichergestellt werden kann, dass ein Produkt oder eine Dienstleistung so positioniert wird, wie es der Kunde schätzt und braucht (B2B International, 2021).

Sie wurde ursprünglich von Dr. Alexander Osterwalder als Rahmen entwickelt, um sicherzustellen, dass Produkt und Markt zusammenpassen. Die Value Proposition Canvas ist ein detaillierter Blick auf die Beziehung zwischen zwei Teilen der Osterwalder'schen Business Model Canvas: Kundensegmente und Wertangebote (B2B International, 2021).

Die Value Proposition Canvas kann verwendet werden, wenn ein bestehendes Produkt- oder Dienstleistungsangebot verfeinert werden muss oder wenn ein neues Angebot von Grund auf entwickelt werden soll (B2B International, 2021).

In der folgenden Abbildung wurde eine Value Proposition Canvas für die neue Geschäftsidee entwickelt und designt.

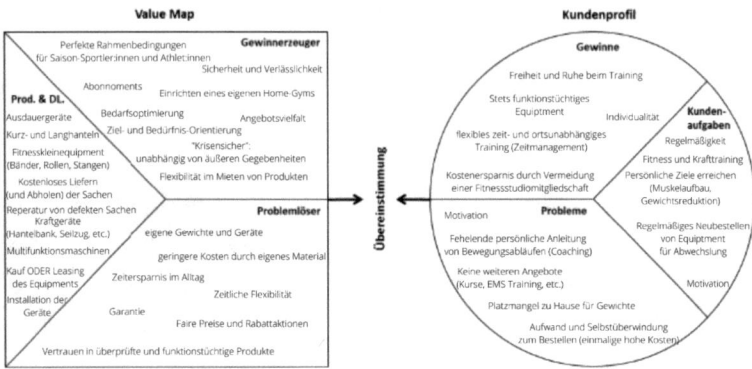

Abb. 2: Value Proposition Canvas (eigene Darstellung)

2.3 Business Model Canvas

Die Business Model Canvas besteht aus neun Elementen und dient der Definition und Dokumentation eines Geschäftsmodells (Angermeier, 2015).

Die Erstellung der Business Model Canvas ist bei der Entwicklung und Umsetzung eines Geschäftsmodells dabei nur der erste Schritt, so sind anschließend sog. "Patterns" zu entwerfen, bevor das "Design" des Geschäftsmodells definiert und die Strategie aufgestellt wird (Angermeier, 2015).

In der folgenden Abbildung wurde eine Business Model Canvas für das neue Geschäfts-modell entwickelt und designt.

Schlüssel-partner	Schlüssel-aktivitäten	Wertangebote	Kunden-beziehungen	Kundensegmente
Investoren	Marketing	Ausdauergeräte		Hobbysportler:innen
Suchmaschinen (zur Platzierung von Werbung) (ehemalige)	Sales	Kurz- und Langhanteln	Community	Athlet:innen
	Kundenaufbau und Kundenpflege	Fitnesskleinequipment (Bänder, Rollen, Stangen)	direkte Ansprechpartner	Firmen, die ihren Mitarbeiter:innen ein
Fitnessstudioanbieter Banken	Qualitätsmanagement	Kostenloses Liefern (und Abholen) der Sachen	Fanbase	Fitnessangebot innerhalb der Firma anbieten wollen
Influencer für Influencer-Marketing	Pflege und Verwaltung der Homepage	Reparatur von	Events zum Pflegen der Kundenbindung	Sportaffine Menschen mit wenig Zeit im Alltag
Zahlungsanbieter (PayPal, Klarna, etc.)	**Schlüssel-ressourcen** Fuhrpark	defekten Sachen Kraftgeräte (Hantelbank, Seilzug, etc.)	**Kanäle**	Saisonorientierte Sportler:innen (im Sommer
Software-Entwickler Marketing-Agentur	Startkapital Personal	Multifunktionsmaschinen	Webseite/Homepage Printwerbung	alles draußen, im Winter alles drinnen)
(Homepage, Social Media)	Unternehmerisches Know-How	Kauf ODER Leasing des Equipments	(z.B. in Sportmagazinen)	Pflegebedürftige Menschen /
Vereine/Universitäten/ Schulen	Gewisses Startinventar Informationsplattform (Homepage)	Installation der Geräte	Mailing (Newsletter) Plakatwerbung Social Media Marketing (Facebook, Instagram)	körperlich eingeschränkte Menschen, die Fitness betreiben wollen
Kostenstruktur Fuhrpark Marketing, Werbung			**Einnahmequellen** Abonnoments	
Personalkosten			Verkauf der Produkte und Waren	
Investitionen in Waren und Unternehmensverbesserung			Leasing / Mieten von Geräten und Gewichten	
Versicherungen Büromiete Steuern			Einzelbuchungen von Waren für eine individuell erwünschte Zeit	
Lagermiete Vertriebskosten weitere variable Kosten			des Kunden / der Kundin	

Abb. 3: Business Model Canvas (eigene Darstellung)

3 Testing & Strategische Analyse

3.1 Test des Geschäftsmodells

Da neue Geschäftsmodelle meist auf ungeprüften Annahmen basieren, empfiehlt es sich, bereits vor der Realisation einer Geschäftsidee Tests durchzuführen, um verschiedene Annahmen zu verifizieren. Eine sogenannte „Testkarte / Test Card" hilft hierbei beim systematischen Prüfen von Hypothesen und Dokumentieren von Erkenntnissen. Im Folgenden werden zwei Testkarten für das Geschäftsmodell von „GYMyourself" tabellarisch aufgezeigt.

Die erste Testkarte bezieht sich auf das grundsätzliche Interesse/die grundsätzliche Marktrelevanz der Leistung.

Tab. 1: Testkarte Marktrelevanz (eigene Darstellung)

Wir glauben, dass...
... die Beliebtheit und Nutzung von Home-Gyms als eine individuelle und flexible Trainingsmöglichkeit in den nächsten zehn Jahren um 30% steigt und Home-Gyms in Zukunft bedeutender als Fitnessstudios werden.
Um dies zu verifizieren, werden wir...
...mindestens 1000 Sportler:innen in Form einer Online-Umfrage zum Thema „Fitnessstudio oder Home-Gym?" befragen. Die Befragten können hierzu auf einen Link klicken, der sie zu der Umfrage weiterleitet.
Und messen...
...die Anzahl der Sportler:innen, die auf den bereitgestellten Link geklickt haben.
Wir liegen richtig, wenn...
... über 50% der befragten Personen angeben, dass für sie die Nutzung eines Home-Gyms interessanter wäre als die Mitgliedschaft in einem Fitnessstudio.

Die zweite Testkarte bezieht sich auf die Zahlungsbereitschaft der potentiellen Kund:innen.

Tab. 2: Testkarte Zahlungsbereitschaft (eigene Darstellung)

Wir glauben, dass...
... Sportler:innen eher in ihr eigenes Trainingsequipment für ein eigenes Home-Gym in Form von Kauf oder Leasing investieren als in eine 12-monatige Mitgliedschaft in Höhe von 480€ für ein Fitnessstudio/Sportcenter.
Um dies zu verifizieren, werden wir...
... mindestens 1000 Sportler:innen in Form einer Online-Umfrage zum Thema „Wieviel Geld würdest du für dein eigenes Home-Gym investieren?" befragen. Die Befragten können hierzu auf einen Link klicken, der sie zu der Umfrage weiterleitet.
Und messen...
... die Anzahl der Sportler:innen, die auf den bereitgestellten Link geklickt haben.
Wir liegen richtig, wenn...
... mehr als die Hälfte der befragten Personen angeben, dass sie eher 500€ in eigenes Fitnessequipment als in einer 12-monatige Mitgliedschaft eines Fitnessstudios/eines Sportcenters investieren würden.

3.2 Geschäftsmodellumgebung

Im Folgenden wird die Geschäftsmodellumgebung des Geschäftsmodells von „GYMyourself" analysiert, indem die zwei wichtigsten Chancen und Risiken der Umgebung des Geschäftsmodells identifiziert und erläutert werden.

Chance 1: Home-Office

Seit dem Beginn der Covid-19-Pandemie gibt es nicht nur in Deutschland einen verstärkten Trend zum Home-Office. In der Schweiz beispielsweise ist seit der Corona-krise der Anteil der Beschäftigten, die von zu Hause arbeiten, von 25% auf 50% gestiegen und hat sich somit verdoppelt (Deloitte AG, 2021). Der Trend zum Home-Office hat jedoch bereits vor dem Ausbruch der Pandemie eingesetzt, da immer mehr Unternehmen flexible Arbeitsplatzmodelle eingeführt haben. „Daten des Bundesamtes für Statistik zeigen, dass die Zahl der Beschäftigten, die mindestens einen halben Tag pro Woche im Home-Office arbeiteten, bereits zwischen 2013 und 2018 von 18% auf 24% anstieg. Durch die aktuelle Corona-Krise dürfte diese Kurve einen noch steileren Verlauf nach oben nehmen" (Deloitte AG, 2021). Auch das Statistikportal „Statista" bekräftigt diesen Trend. Vor der Corona-Pandemie betrug der Anteil an Beschäftigen im Home-Office in Deutschland gerade einmal 4% (Statista Research Department, 2021). Zum heutigen Standpunkt arbeitet ca. ein Viertel der Beschäftigten in Deutschland im Home-Office (Statista Research Department, 2021). Das Corona-Jahr 2020 hat zugleich viele Sportbegeisterte schwer getroffen – insbesondere diejenigen, die es lieben, regelmäßig im Gym zu trainieren. Zu Beginn von 2021 musste das Training aufgrund von Lockdown und Kontaktbeschränkungen zu Hause stattfinden. Aber auch darüber hinaus kann es sich bei den Home-Gyms um einen nachhaltigen Trend handeln, denn Home-Gyms wachsen und wachsen. Sportler:innen haben sich langsam daran gewöhnt, auch zu Hause effektiv zu trainieren, sofern man die räumlichen und finanziellen Mittel hat, sich entsprechendes Equipment zuzulegen (Treppner, 2021).

Chance 2: Sport in der Gesellschaft

Die Bedeutung und Wichtigkeit an Sport und Bewegung als Prävention für die Gesundheit und gegen Alterskrankheiten nimmt in der deutschen Bevölkerung einen stets wachsenden Stellenwert ein. Im Jahr 2021 gab es rund 14,27 Millionen Personen in Deutschland, die mehrmals wöchentlich Sport trieben (Pawlik, 2021). Im Jahr 2017 hingegen nur 11,57 Millionen Menschen (Pawlik, 2021). Zudem machen stets weniger Menschen in Deutschland keinen Sport (Pawlik, 2021). Zudem gibt es immer mehr Angebote für Gesundheitskurse, Ernährungsprogramme und Sportequipment. Auch der Markt an Fitnessstudio-Anbietern ist im deutschen Raum nahezu am Maximalpunkt. Verschiedenste Anbieter werben mit verschiedensten Angeboten, Programmen und Aktionen. Sport und Bewegung als Prävention ist kaum mehr wegzudenken und wird immer populärer. Dieser sozioökonomischer Trend kann dem Geschäftsmodell dabei helfen, die Produkte optimal zu vermarkten und zu verkaufen.

Risiko 1: Anbieter-Markt

Schon vor der Corona-Pandemie gab es viele Hersteller, die Kleinfitnessgeräte für das eigene Home-Gym produzierten und online verkauften. Während der Pandemie-Zeit stiegen weitere Anbieter auf den Zug auf und produzierten Artikel rund um das Thema Home-Gym. Der Markt war zwar anfangs völlig überlastet, da jede/r Equipment für zu Hause braucht und kaufen wollte. Die plötzliche Nachfrage war riesig und innerhalb paar Tagen war mehr oder weniger alles ausverkauft. Die Hersteller und Anbieter für Home-Gym Artikel produzierten stets weitere Waren, jedoch nahm die Nachfrage wieder stark ab. Der Grund hierfür lag in den Lockerungen der Kontaktbeschränkungen. Fitnessstudios und Sportcenter durften erneut öffnen und die Leute konnten wieder in ihr gewohntes Fitnessumfeld gehen. Nun gibt es immer noch sehr viele Anbieter und Waren auf etlichen Webseiten und Online-Shops. Nur bleibt die Nachfrage danach zurzeit aus. Für das Geschäftsmodell ist dies zunächst kein gutes Zeichen, da das neu gegründete Unternehmen ihre Produkte nur schwierig verkaufen könnten.

Risiko 2: Ersatzdienstleistungen

Ein weiterer Risikofaktor sind andere Branchenkräfte, die beispielsweise Ersatzprodukte oder Ersatzdienstleistungen anbieten. Ein namhaftes Beispiels hierfür ist der US-Sportwarenhersteller Peloton, der unter anderem „High-Tech-Fitnessbikes" verkauft oder vermietet. Die Nutzung dieser Bikes stieg in den Lockdowns so rasant an, dass es zu Lieferengpässen kam, und gefühlt stand in jedem zweiten Wohnzimmer so ein Heimtrainer (Kontio, 2021). Aber auch der Firmensport ist ein großer bedeutender Konkurrent für „GYMyourself". Immer mehr Unternehmen bieten ihren Mitarbeiter:innen Möglichkeiten für ihre Fitness und Gesundheitsprävention. Sogar Krankenkassen kooperieren mit Firmen und bieten Kurse und weitere Angebote an, um die Beschäftigen fit und gesund zu halten (AOK-Bundesverband GbR, 2021). Beschäftigte und Angestellte müssen somit nicht mehr auf Sportvereine, Fitnessstudios oder andere Sportanbieter setzen, da ihr Unternehmen für sie ein Fitnessangebot bietet. Bedeutend ist hierbei der Faktor, dass der Betriebssport meistens kostenlos für die Beschäftigten ist, sodass auch so viele wie möglich daran teilnehmen. Somit würde auch das Interesse und die Lust am Installieren und Nutzen eines eigenen Home-Gyms wegfallen, da die Nachfrage der Sportler:innen befriedigt ist.

4 Literaturverzeichnis

Angermeier, G. (13. Mai 2015). *Business Model Canvas.* Zugriff am 23.12.2021. Verfügbar unter https://www.projektmagazin.de/glossarterm/business-model-canvas

AOK-Bundesverband GbR. (2021). *Betriebssport fördert und verbindet.* Zugriff am 26.12.2021. Verfügbar unter https://www.aok.de/fk/betriebliche-gesundheit/bewegung-am-arbeitsplatz/betriebssport-foerdert-und-verbindet/

B2B International. (2021). *What is the Value Proposition Canvas?* Zugriff am 22.12.2021. Verfügbar unter https://www.b2binternational.com/research/methods/faq/what-is-the-value-proposition-canvas/

Deloitte AG. (2021). *Corona-Krise beschleunigt die Verbreitung von Home-Office.* Zugriff am 26.12.2021. Verfügbar unter https://www2.deloitte.com/ch/de/pages/human-capital/articles/how-covid-19-contributes-to-a-long-term-boost-in-remote-working.html

Kontio, C. (15. Mai 2021). *Lohnt sich das Peloton-Bike, oder ist es ein teurer Staubfänger?* Zugriff am 26.12.2021. Verfügbar unter https://www.handelsblatt.com/technik/gadgets/peloton-bike-im-test-lohnt-sich-das-peloton-bike-oder-ist-es-ein-teurer-staubfaenger/27179360.html?ticket=ST-7431122-oboJIkBBgnOEHhzZhvgV-cas01.example.org

Pawlik, V. (22. November 2021). *Bevölkerung in Deutschland nach Häufigkeit des Sporttreibens in der Freizeit von 2017 bis 2021.* Zugroff am 26.12.2021. Verfügbar unter https://de.statista.com/statistik/daten/studie/171911/umfrage/haeufigkeit-sport-treiben-in-der-freizeit/#:~:text=Im%20Jahr%202021%20gab%20es,17%20Millionen%20Deutsche%20sportlich%20aktiv.

Statista Research Department. (12. August 2021). *Anteil der im Homeoffice arbeitenden Beschäftigten in Deutschland vor und während der Corona-Pandemie 2020 und 2021.* Zugriff am 26.12.2021. Verfügbar unter https://de.statista.com/statistik/daten/studie/1204173/umfrage/befragung-zur-homeoffice-nutzung-in-der-corona-pandemie/

Treppner, F. (01. Januar 2021). *Wie wird das Fitness-Jahr 2021?* Zugriff am 26.12.2021. Verfügbar unter https://www.fitbook.de/fitness/trends-fuers-fitness-jahr-2021#h-home-gyms-boomen-weiter

5 Abbildungs- und Tabellenverzeichnis

5.1 Abbildungsverzeichnis

5.2 Tabellenverzeichnis

BEI GRIN MACHT SICH IHR WISSEN BEZAHLT

- Wir veröffentlichen Ihre Hausarbeit,
  Bachelor- und Masterarbeit

- Ihr eigenes eBook und Buch -
  weltweit in allen wichtigen Shops

- Verdienen Sie an jedem Verkauf

Jetzt bei www.GRIN.com hochladen und kostenlos publizieren

Die Arbeit beschreibt die komplette Konzeption eines Unternehmens sowie die Planung eines innovativen Geschäftsmodells. Das Unternehmen ist ein Anbieter für Fitnessgeräte und Sportequipment-Artikel. Das Unternehmen kauft Bestände aus privaten Fitnessstudios auf, repariert, säubert und verkauft oder vermietet diese an Privatpersonen oder andere Fitnessstudios. Zudem will das Unternehmen Ausdauergeräte in den Bestand nehmen und diese (wieder funktionstüchtig) weiterverkaufen oder vermieten.

www.grin.com

Dokument Nr. V1184680
https://www.grin.com
ISBN 9783346631459

9 783346 631459

Johannes Rudloff

Adornos "Theorien über den Ursprung der Kunst" aus heutiger Sicht

Studienarbeit